LUIS MARTINS DA CRUZ

DOUGE MASTER

À Amelia

PROLOGUE

Depuis plusieurs mois, à l'heure où le soleil est de l'autre côté de notre planète pour nous abandonner dans le silence de la nuit ; quand l'individualité des lumières bleues nous autorise à envisager ce qui brille au-dessus de nous ; que la nature retrouve ses droits et que le règne animal a la liberté de s'extirper de ses terriers ; lorsque l'Europe dort au creux de l'être humain qu'elle aime tant ou qu'elle a tant porté dans son cœur : j'écris.

À la pénombre de ce jour, j'ai composé le dernier paragraphe de ces huit pensées, au son de Korallreven - November Rain. Je parachève ces textes par ce prologue, pour vous préciser ce qui m'a enthousiasmé à subtiliser du temps auprès des bras de Morphée, pour vous donner la raison d'avoir abordé chacun de ces maux. Que chacun des mots, choisis méticuleusement, vous procure le sens de ce que j'ai tant recherché à formuler convenablement auprès des êtres humains que je côtoie au quotidien. Que chacune des phrases vous apporte un ressenti parmi tant d'autres, sur ce que nous endurons.

Par ce recueil, je n'ai pas la prétention d'espérer que cela va encourager à métamorphoser notre société, qui a la nécessité de s'engager dans une nouvelle ère. Je n'avais que l'intention de dépeindre ce que je constate, ce que j'éprouve et ce que la civilisation humaine subit. Par ces réflexions, j'avais envie de d'écrire de quelle manière je perçois le rouage dans lequel on survit ; déposer l'encre pour ceux que l'on ne voit pas et que l'on méprise. Ces personnes dont je fais partie et avec qui j'ai pu avoir des nuits entières de discussions autour de moments fraternels.

Ce qui a été le plus ardu pour coucher mes notes sur le papier, ça a été de penser par moi-même : laisser l'argumentation toute faite au kiosque ; l'information de masse prête à consommer dans le flux de la prise RJ11. J'ai constaté, développé, et conclu par moi-même. À certains moments, je me suis abandonné à méditer sur des remèdes, car nous pouvons chacun avoir des idées même si en outre, obéir est devenu bien perçu.

Ce recueil, c'est mon instrument pour fendre l'ardoise que le système suspend au-dessus de notre tête quotidiennement, tout en scénarisant mes écrits par la démarche d'y inscrire des titres musicaux présents en introduction de chaque texte. Ces accompagnements je les ai cherchés, jusqu'à ce qu'une de celles-ci m'inspire un sujet qui me parle. Ils sont donc entrés en ligne de compte sur la discipline de convergence de mes notes sur ces différents thèmes, tout en les écoutant en boucles des soirs durant. Je me suis laissé persuader que les fréquences Hz transcendent les ressentis de l'âme et ce quel que soient les paroles ; que les basses de ces musiques nous insufflent l'écho du cœur maternel dans son fœtus et les aigus ramènent chacun à son vécu personnel et ses émotions. J'espère que ces mélodies vous porteront dans l'envie de vous poser des questions, d'y trouver votre réponse, d'émettre des sentiments comme l'empathie, de vous laissez créer votre propre opinion et par instant essuyer nos larmes communes, car cela vous évoquera votre histoire.

Par cela, j'aspire à vous faire oublier le confort de croire que c'était mieux avant, mais vous convaincre que ce sera mieux après.

LE DEFICIT DU RÊVE
ELECTRIC YOUTH - A REAL HERO

Nos gouvernements successifs passent leurs mandats à appliquer des pansements sur des plaies. Ces plaies ne sont pas correctement diagnostiquées, à cause de cette idéologie économique. Les pansements ne sont là que pour les dissimuler ; mais eux-mêmes pourrissent au contact de ces plaies. Le diagnostic n'est pas consciencieux, puisque de simples pansements ne sont pas adaptés à des plaies : celles-ci sont donc toujours existantes. Et plus les jours s'écoulent, plus elles s'infectent. Comme le médecin se répète à chaque consultation que son constat est juste, à force, il finit lui-même par se convaincre que ce qu'il fait est approprié pour les souffrants. Les plaies sont les nombreux fléaux que connaissent notre démocratie, les pansements sont les lois actuelles que les gouvernements élus mettent en place pour démontrer au peuple qu'ils s'efforcent à la tâche par le réformisme.

Ce que je veux dire, c'est que les maux de notre société ne se dénoueront pas avec nos soi-disants docteurs. Lorsqu'un de ceux-là est déconnecté de notre réalité, qu'il n'arrive plus à soigner au rythme du temps et des saisons par idéologie économique extrémiste d'un autre temps, qu'il en accentue les souffrances, qu'il n'est plus compétent à traiter le patient, il doit s'obliger à léguer ses responsabilités et ses envies de carrière et de statut social. Nos gouvernements ne parviennent plus à estimer les bons remèdes, ils ne reconnaissent pas leurs erreurs idéologiques et pourtant la maladie a été causée par celles-ci. Malade, il est devenu en choisissant son médecin et lui a fait malgré tout confiance. Créer les problèmes par l'ignorance pour apporter ses résolutions n'est pas un procédé qui fonctionne dans le go-tha politique. Ceux qui nous ont dirigés sont tombés dans le panneau, avec pour unique conclusion, la loi de Murphy : tout ce qui doit arriver arrivera.

« Arrivera » est là, aujourd'hui est déjà demain. Du fait de notre situation collective qui n'aperçoit pas le bout du chemin, nous passons des heures à nous efforcer nous-même d'entretenir notre confort, notre consumérisme et notre égo. Nous nous contemplons nous-mêmes. Nous selfisons pour brandir à l'autre « tu as vu ma vie, regardes ce que je vis ». Cela pour aisément se rassurer et prétendre que sa propre existence est moins triste que celle des autres. Chez certain, le réseau social numérique a aussi pour effets secondaires de créer une hyper agressivité en déniant les faits car eux-mêmes ne sont pas touchés et ne les comprennent donc pas. Cette conséquence mène à accepter tout et n'importe quoi, ainsi que les personnes qui commettent des actes des plus ignobles et immoraux, avec pour inégalable leit-motiv ces phrases proverbiales : « il faut comprendre » ou le « y'a pas mort d'homme », mais aussi le « je suis pas raciste, mais... ». On peut aisément qualifier cela de stupidité.

N'attendez pas de ce texte qu'il apporte des solutions à nos maux, d'ailleurs les mots ne les ont jamais résolus, mais ne font que les nommer, pour peu qu'ils soient optés avec perspicacité. Actuellement, j'expérimente d'une certaine manière l'effet placebo, qui est quelque chose que nous n'avons pas testé. « Tout n'est que psychologie, tout est dans notre tête », c'est ce que je m'efforce de me ressasser aux aurores et j'ai fini par y croire. Je me dis qu'un peu de rêve serait la quintessence pour notre société, afin d'aller de l'avant, pour bâtir de nouvelles fondations les plus éloignées des anciennes et laisser au peuple l'imagination pour édifier des structures gigantesques, rigides et lumineuses. Cette part de rêve est au-dessus de notre tête, elle est inexplorée, étrange et toute pleine de lieux ignorés. On la voit s'illuminer les nuits sans nuage et sans orage. On l'appelle l'univers, la galaxie ou l'espace.

Depuis des siècles, l'humanité étudie les étoiles. Elle en a créé des mythes, des dieux, des histoires. Dans l'époque de la conquête spatiale, le 35e président des États-Unis a propulsé des humains sur la lune, celle-ci a alors engendré une génération de chercheurs et de révolutions technologiques. En Amérique du Nord, les chercheurs, ingénieurs et scientifiques sont admirés. Ils ont tellement bien été estimés par l'administration publique et bien budgétisés que ceux de nombreuses nations ont désiré y exercer leur profession à une certaine époque. Cela a eu pour aboutissement de multiples découvertes chaque année et a façonné une activité techno-économique publique imbattable sur n'importe quel autre continent. Alors, qu'attendons-nous pour nous offrir un peu de rêve et accueillir les conséquences de celles-ci dans notre quotidien ?

Les scientifiques non vendus à la cause du profit, sont des gens imaginatifs, ils ont cette connaissance et cette capacité à métamorphoser notre monde. Mais dans beaucoup de pays, on leur délègue un crédit (pour peu qu'ils en aient un) et une feuille de route détaillée à respecter, on leur ordonne de faire « ni plus, ni moins ». Ils savent la chance qu'ils ont de se lever au crépuscule pour pratiquer leur raison de vivre, même si on leur demande de faire toujours « ni plus, ni moins ». Et, si on leur donnait un budget avec pour seule consigne, « donnez-nous du rêve », ne serait-ce qu'une seule fois.

Alors, depuis ce matin, je m'efforce de me rabâcher qu'en dépit de notre situation, un jour, une nouvelle institution comprendra aussi que nous avons besoin de rêver. Ils exigeront à nos ingénieurs spatiaux en fixant du regard le ciel étoilé : « Donnez-nous du rêve ne serait-ce qu'une seule fois ».

LE DOMINANT ET LE DOMINÉ
IAN WILLIAM CRAIG - A SINGLE HOPE

Sur de multiples plans de notre société, il s'est établi une hiérarchisation à honorer et dépourvue de sens. C'est ce que nous devons subir actuellement si nous voulons subsister. Mais est-ce que vivre, c'est se soumettre ? La loi du plus fort, du plus « légitimiste », du plus fortuné, de celui qui a le plus d'influence est un monopole moderne implanté dans nos gènes. Beaucoup d'entre nous ont la continuelle ambition d'exercer une emprise sur tout ce qui nous entoure, tout ce qui est susceptible de réagir à des actions et à des mots. À travers un choix de non domination, beaucoup deviennent le dominé et endure le règne de l'autre, jusqu'à aller à une domestication pour s'incliner au doigt et à l'oeil, même si cela lui porte tort. Nous l'avons tous subi un jour, d'un point de vue collectif ou bien personnel :

l'enfant à l'école, qui par diverses frustrations en vient à l'animosité, pour vassaliser son camarade par la peur de la douleur ; le chef autoritaire, qui, par son avidité de pouvoir, rabaisse et abuse de sa cible pour en faire sa chose, juste par plaisir d'asservissement perverti ; ou encore le capitalisme, sans règle ni loi, qui nous dirige avec son besoin constant de fixer un prix à des normes, à des besoins primaires, à des vies et à des âmes.

Pour les inconscients, la domination peut paraître comme une toute-puissance légitime qui, par un caractère, une posture, un salaire, par des actions, attribue le rôle de Mâle Alpha à un système, une économie, une conviction, une personne. Les inconscients préfèrent se ranger et prendre sa défense par cette soif d'être accepté, par crainte d'être isolé, par peur de tout perdre, par le spectre d'être la proie de l'Alpha. Ils talonnent le dominant, constituant un effet de groupe qui lui octroie une protection. La meute s'engrène elle-même et développe un écho plus influençable auprès du dominant. Celui-ci soumet alors par conviction et par l'acharnement, arrivant à en agrandir sa meute. L'inconscient et le Mâle Alpha ne font plus qu'un et transfigurent le « un pour tous et tous pour un » en une machine sadique, écrasant nos acquis, nos valeurs, nos sentiments et notre cœur. La domination d'apparence est comme telle, mais son homogénéité est faite par de multiples conséquences, qui mutent l'humain en inhumain.

Le conscient est encore existant. Lui, il est humain, il vit dans l'empathie, il ressent et exprime des émotions vraies, mais sa plus belle force est qu'il discerne le bon du mauvais et agit concrètement dans se sens. Il est, à quelques exceptions près, bien seul. Il prend trop souvent sur lui, pensant que par sa logique fraternelle, d'autres l'accompagneront. Pendant ce temps-là, la meute prend de l'envergure, le conscient s'éloigne. Certains êtres conscients peuvent perdre leur optimisme et, plutôt que de rejoindre la meute, ils préfèrent se laisser mourir. Il a tant encaissé qu'il se métamorphose telle une étoile à neutrons, confiné, incompris, avec tellement d'énergie et de puissance, mais seul. Cédant pour insurpassable héritage, un dernier faisceau de lumière, avant de laisser l'obscurité de la solitude le recouvrir.

Le monde dans lequel on survit se renouvelle, notre civilisation est en phase de déchéance. Ce que nos ainés ont construit, nous tue désormais, car nous n'avons pas été à la hauteur pour accompagner sa mue avec les bonnes personnes et idées. Des humains ont altéré de nombreux humains, en chaire immonde dépourvue de bien-fondé et le système en inconscient collectif. Nous sommes à l'épilogue de quelque chose, mais pour récolter quoi ? L'appréhension de l'avenir et de tourner une page fait maintenir en place l'Alpha, laissant s'éloigner assurément la hantise d'une soi-disant mort. Pendant ce temps-là, l'Alpha et sa meute persévèrent à nous entretenir en dépression. Par cela, le futur se transforme en fiction, laissant les projets, les espoirs et les rêves, en peur du lendemain. À cela, leurs historiens pourront y consigner dans nos manuels de récit moderne, une devise comme « laissons le futur aux inconscients, vivons au présent ».

L'INDIVIDUALISME
CONFIDENTIALMX - I STARTED A JOKE (FEAT. BECKY HANSON)

Le capitalisme a déchaîné la hiérarchie « pécuniaire » que nous connaissons à l'époque actuelle. L'ensemble de notre milieu biologique est asservi par l'argent. Alors que l'argent devrait être utilisé uniquement comme un moyen d'échange, il s'est métamorphosé en accessoire de sentence sur chacun des humains, devenant son droit d'être et le guidant jusqu'à sa disparition, englobant toutes nos interactions et nos pensées. L'ossature capitaliste ne se maintient que par le fait que chacun convoite son ample accumulation de cette monnaie d'échange, pour avoir la permission de s'extraire de ce système létal. Préférant à son tour être le dominant plutôt qu'être le dominé. Désirant ne plus subir, quitte à reproduire aux autres humains ce qui l'anéantit dans sa position sociale actuelle.

Les jours se suivent et vous déchiffrerez à une heure trop avancée, au dénouement de votre existence, que demain n'aura jamais été meilleur, car demain ne sera jamais aujourd'hui. Tristement pour vous, les chagrins et les remords ne sont pas une maladie humaine contagieuse. Elle ne l'est que pour ceux qui se présument demi dieu, par l'acte d'avoir « réussi » à amasser beaucoup d'argent à travers la sueur de simples humains. Pour les mortels, c'est un sentiment ou une boule à la gorge qui s'anime lorsque bien souvent on agit, durant sa vie, exclusivement pour soi ; lorsque l'on a des regrets, mais quand on fait le bilan, la lumière s'éteint et il est désormais trop tard !

L'humain que tu as essayé d'être sera resté et res-tera dans sa condition, même en se soumettant à ceux qui te tiennent par l'argent, en acquiesçant à ta hiérarchie ; en esquivant les manifestations, en s'interdisant de se mobiliser ; en investissant sur la branche d'arbre où tu te trouves et que tu scies ; en cautionnant la supériorité des uns envers tes semblables ; en valorisant « l'idée » qu'il faut des pauvres pour qu'il y ait des riches ; en te ventant d'avoir bien négocié ta paye, plutôt que donner de la force au mouvement pour l'augmentation collective de tous tes collègues ; en crachant sur la sécurité sociale, alors que tu te réjouis des soins que tu as eus en étant souffrant ; en critiquant tes cotisations pour les caisses de retraite, mais te lamentant de ne pas en obtenir assez chaque mois ; en consommant les produits issus des pays plongés dans une cruelle nécessité par épuisement de leurs ressources et te plaignant que les gens exploités là-bas souhaitent rejoindre les continents, d'où la bourse tire profit de ces marchandises ; et plus encore.

L'ère est dite « moderne », tandis qu'en substance on est en mesure de la nommer « individualiste ». Elle est assistée dans son déploiement par des individus qui servent ceux qui, par milliards, extirpent des bénéfices financiers non partagés et permettent l'enseignement du capitalisme que nous endurons. Ces homélies quotidiennes médiatiques conditionnent certains, au fil du temps, à s'acharner sur la différence religieuse, sexuelle, de couleur, de culture, de salaire. La division pousse à ne voir que des faux problèmes confectionnés par l'économie elle-même et à prendre parti pour les schémas qui les élaborent.

L'individualiste juge celui qui est différent, par la raison qu'à ses yeux chacun est responsable de sa situation. Il est le coupable parfait aussi à travers les communautés humaines et les fondements que leurs différences conçoivent et qui cassent les codes individualistes ; à l'inverse de l'individualisme qui crée uniquement des rassemblements d'intérêts. Mais l'individualiste, lui, ne juge jamais les individualistes, car ils défendent leurs intérêts communs.

En attendant une majorité n'ose faire le pas pour s'extraire du schéma imposé, au risque d'être qualifié de radical, d'être différent, d'être « communiste » ou « anarchiste » voir « CGTiste », d'être révolté ou parce qu'il a été tellement bien formaté, qu'il ne voit plus que par ce qu'on lui a toujours inculqué au fil de sa vie. Tu as choisi ta place dans l'histoire, comme nous tous, mais à travers le comportement actuel d'une majorité, il faudra patienter de nombreuses générations, vivre des catastrophes sociales, humaines et écologiques pour que cette déshumanisation par l'abondance, et l'espoir d'accumulation d'argent, de consommation, cesse définitivement. Et personne n'est à l'abri.

S'approprier son destin, s'émanciper, c'est avant tout renoncer à la philosophie individualiste ; s'instruire également par les conceptions de ceux annoncés comme ennemis politiques ; rejeter le fait de se conformer aux volontés du schéma actuel, de connivence capitaliste des médias de masse et politiques.

Le pouvoir c'est toi, et si tu n'en fais pas usage, restes individualiste. Ne perdons pas d'énergie à essayer de convaincre un convaincu, seul le temps pourra faire son travail.

Si tu veux faire évoluer notre planète bleue alors, organises-toi, sois solidaire de ceux qui s'efforcent déjà de la révolutionner.

Sors, retrouves ces individus pour lesquels on te dit d'avoir peur de par leurs différences ; organises toi pour eux et tu t'organiseras donc pour toi ; donnes-leur de ton temps pour innover d'audacieux concepts et de visionnaires idées pour tous. Puis de ces travaux, fais-en un groupe

et de ces groupes fais-en des réunions, et des assemblées. Déterminez en bloc des codes nova-
teurs basés sur l'humain et non l'économie.

Avec ces règles que vous vous appliquez à vous-
même, exposez aux individualistes de l'autre
côté, que leur monde est fini et qu'un commencement est en train de venir au monde, sans eux.

LE DEVOIR DU MOT
COLLEGE - UNE VILLE SILENCIEUSE

Les mots ont un sens, ils servent à communiquer et à définir une multiplicité de paramètres lorsque l'humain voit, touche, goûte, ressent, sent, entend. La signification de ces mots a une portée qui permet à chacun d'imager et de faire saisir la valeur de ce qu'il désire transmettre. Les mots ont pour devoir de qualifier quelque chose de précis et, à l'instant où ils sont employés pour caractériser autre chose que ce qu'ils sont censés représenter, la manipulation du mot est catégoriquement établie. Les individus ayant intérêt à cette forme d'agissement, considèrent que détourner les mots de leur substance ne sera que bénéfique pour décupler le retentissement de leurs paroles. C'est à cet instant où commence le véritable danger, car c'est avec cette manœuvre que le calculateur pratique le mensonge, la dif-

famation, la culpabilisation, qu'il choque et in-
sulte.

Lorsque j'allume leur télévision, allume leur radio,
ouvre leur journal, ce procédé est exploité fréquemment et alimenté de différentes méthodes
par une certaine frange, appartenant à quatre
pouvoirs :

- Le pouvoir décisionnaire, qui, lorsque n'ayant
pas les idées et la convenance d'entrer en jeu,
préfère avoir recours au maniement des mots
comme politique exécutive. Par cette gouver-
nance-là, l'application de l'excès des mots est
d'usage pour augmenter la portée de leur propos, afin de persuader qu'ils sont en mesure d'in-
tervenir efficacement avec pour espérance le
vote des gens persuadés. En effet, exprimant des
constatations de manière disproportionnée sur
les difficultés de notre société, engendrées bien

souvent par une idéologie économique, ils sont convaincus que les citoyens considèreront qu'ils mesurent de façon plus sérieuse la gravité d'une situation et qu'ils s'opéreront alors aux actes.

- Le pouvoir communicant ou désormais nommé « l'élite éditocratique » est supposé informer la population utilement. Il passe une majeure partie de son temps à se nourrir de la manipulation des mots par le pouvoir décisionnaire et convertit cela en actualité profitable, prétextant que ce qui est dit est fait. À l'accoutumée, cette manipulation du mot est amenée par un questionnement fermé auprès des décisionnaires, qui aiment se prêter à ce jeu, pour leur faire proférer ce besoin médiatico-financier du « buzz ». Ce procédé est manié astucieusement par certains égos éditorialistes, s'efforçant d'acquérir de la notoriété à l'égard du consommateur, tout en jouant le jeu de ceux qui les payent, par des questions orientées, laissant entendre leurs convictions. Il contribuer aux affaires publiques sans en prendre part ; ainsi « ne se brûlant pas la main », car n'espère pas être décisionnaire, mais en récolté les lauriers pour les intérêt de ce qu'ils défendent.

- Le pouvoir démonstratif ou connu sous l'anglicisme « people », se met au-devant de la scène pour se sentir exister. Il provoque par la manipulation des mots, pour attirer les mandarines sur eux. Cela est parfois fait pour relancer une carrière ou en confectionner une, montrer qu'il a de l'importance, car enfin, on parle de lui. Rituellement, ses propos sont tenus sur des sujets sensibles et mobilisateurs, mais n'engagent rien pour le « people », car il est non décisionnaire. Qualifié de réactionnaire utile par les « bien pensants », mais justement réactionnaires inutiles pour les conscients. Il continue à essayer de subsister par cette stratégie lorsqu'il ambitionne de démarrer ou prolonger sa « vie d'artiste », mais sans créativité.

- Le pouvoir activiste exploite la manipulation des mots pour propager sa pensée et pour dissimuler sans violence physique, l'animosité ruminante envers les humains n'ayant pas les mêmes convictions idéologiques et bien souvent ultra-libéralistes. Il est fréquemment associé au pouvoir communicant et démonstratif, qui emploie démesurément des mots pour culpabiliser, obligeant celui qui ne raisonne pas comme lui, à procéder à une justification non fondée. Ce dernier qui, en se justifiant, souhaite désigner aux spectateurs, l'admission de la faute de l'interlocuteur, émise par le pouvoir activiste.

Les mots ne sont pas des actes, mais les actions peuvent se définir par des mots. Le choix des mots est donc primordial pour être dans l'objectivité auprès des personnes à qui l'on s'adresse. C'est pour cela qu'il est de première nécessité de prendre un temps de réflexion avant de les énoncer. Si le collectif tend à cautionner le fait que des individus ayant du pouvoir et de l'influence se permettent de vider les mots de leur substance, nous leur donnons prétexte de nous tromper. Du fait de cette approbation, nous ne pouvons nous en vouloir qu'à nous-mêmes d'accepter leurs mensonges, leurs trahisons et leurs manipulations. Le meilleur moyen de cesser cette absurdité de la part des différents pouvoirs est d'oser, de s'engager à leur répondre, chaque fois qu'il est nécessaire, avec des mots justes.

L'ATTENTE D'UNE NOUVELLE DÉ-MOCRATIE

M83 - OBLIVION (FEAT. SUSANNE SUNDFØR)

La démocratie est indispensable même lorsqu'elle n'est pas à son propre avantage individuel. Elle peut se présenter avec des extrémismes dans les discours, dans les propositions, dans la vision politique suggérée ; cela bien souvent lorsqu'elle a été dirigée précédemment pour une minorité de profit, pourtant promise pour l'universalité. Tandis que les décisions sont annoncées au bien-fondé de la globalité d'une nation et d'un continent, elles sont légiférées pour soutenir ceux qui tirent profit. Les pouvoirs exécutifs n'ont plus de crédibilité et établissent des règles pour éviter l'inéligibilité. Puis ceux qui détiennent l'actualité re-qualifient le mensonge et la trahison de ceux qui devaient mener la politique, comme un synonyme du mot impopularité.

À l'heure où plus rien n'est fait de façon fiable, les privilégiés s'enrichissent ; ceux qui sont défavorisés s'appauvrissent ; ceux qui éclairent trompent ; ceux qui raisonnent critiquent par méchanceté ; l'administration se fait saboter pour se vendre au secteur privé ; ceux qui devait être équitables deviennent partiaux ; ceux qui emploient par milliers exploitent ; ceux qui accueillent discriminent ; ceux qui président manipulent ; ceux qui font la mort capitalisent la vie ; ceux qui font la vie redoutent la mort.

Peut-on s'exclamer démocrate quand on inflige une politique à un peuple qui dit non ?
Peut-on avancer avec cette idéologie économique qui ipso facto conduit à des guerres sociales, pécuniaires, écologiques et donc humaines ? Peut-on persévérer à s'informer avec des médias appartenant aux actionnaires avec des convenances politico-financières ? Peut-on

être dirigés par un petit nombre qui gouverne pour une minorité de profits ? Peut-on croire à des lois de progrès qui n'ont de progrès que lorsque ce mot est récité après le nom lois ? Peut-on perpétuer à s'interdire de descendre dans les rues chaque fois que leur système nous pousse à ne considérer que notre intérêt personnel ? Peut-on continuer à penser pendant que la tendance exigée est d'obéir ? À l'heure actuelle, les interrogations ne sont plus faites de « peut-on », mais conçues de « comment » et « avec qui » pour inverser le rouage. Les composantes constituantes votées à la majorité, par défaut ou par conviction d'un changement possible, s'emparent du sens de « n'importe qui » pour sortir de ce rouage ; quitte à les laisser faire « n'importe quoi » pour ne plus souffrir de ce que l'on subit maintenant et depuis trop longtemps.

Quand le mirage de cette échappatoire vient d'être désigné, ceux qui l'ont créé de toute pièce ne voient en ceux qui l'ont choisi que le justificatif du sexe, de la couleur de peau, de l'âge, des diplômes, de la religion. Ils classent des êtres vivants pour s'ingénier à déchiffrer de quelle façon ils ont pu raisonner différemment que ce qu'on leur inculque médiatiquement au quotidien, depuis des années ; de quelle manière ont-ils pu défectueusement prendre cette décision à bulletin secret ? Cela sans même s'efforcer de comprendre que chacune de ces personnes a une existence ; que chacune de ces vies souhaite s'arracher de ce qu'on leur fait subir depuis des décennies, et cela, quel que soit l'organe génital, la carnation, la génération, les certificats, la confession. Ceux qui jugent médiatiquement cette seule solution de liberté d'élire pour aspirer à se dégager d'une société décrétée qui les dévaste, sont coutumièrement des privilégiés, qui convoitent un(e) individu pour que soit maintenu un système qui ne fonctionne que pour leur monde bourgeois. C'est dans ces consultations que l'on discerne donc deux environnements, deux élites. La première, par le nombre, pour stopper cette programmation composée d'injustice, par le vote inverse indiqué par le battage éditocratique ou par l'abstention et le vote blanc. La seconde, par leur pouvoir, pour continuer à tirer parti de leur monde ou espérer en profiter à leur tour, cela par les urnes, leurs codes, ou la propagande.

Ceux qui ont seulement le pouvoir par le vote, n'ont de devoir que de pleurer. Au fil des années, les préconisations de ceux qui se soumettent aux suffrages se métamorphosent en mirage. À la manière d'un bon produit populaire, le packaging se renouvelle, mais le contenu demeure le même. Le vocabulaire et les propositions du mode d'emploi sont approximativement semblables. Le contre-pouvoir modernise l'emballage au goût du jour. Les messages marketing par matraquage pour commercialiser l'article nous sont exhibés comme bénéfiques, mais se transforment très rapidement en tragique. Au vue du caractère important de la politique pour le moment présent et l'avenir, la population considère que ceux postulant à un scrutin sont faits de sincérité et de bienveillance ; puis l'on prend conscience très vite par des actions, qu'une fois ces individus élus massivement, c'est tout autre chose. L'abondance de leurs boniments se réforme en traîtrises, qui finissent par se répercuter sur la majorité du nombre de ceux qui les ont amenés à être représentants. Cette déloyauté favorise la minorité des privilégiés, et ceux qui ont espéré n'ont plus que les pleurs pour repentir.

C'est alors que ceux qui portent les regrets en endurent la malhonnêteté, parfois, se mettent à graviter autour de programmes qui trouvent les mots pour plaider leurs maux. Par récidive quotidienne, des déclarations approuvées par des évènements décrits dans des articles de journaux, profitent à des propositions confectionnées de surenchère. C'est avec le temps que ces paroles d'excès deviennent tolérées, voire justifiées, par ceux qui ont obéit jusqu'à présent. La douleur existante est plus urgente à traiter et par des élancements brutaux, on se persuade qu'elle est de rigueur pour être soignée. Ceux qui doivent avoir le rôle du contre-pouvoir décèlent ces extrémismes sans faire mention de ceux qu'ils défendent sans l'avouer ; non pas par nécessité collective d'un risque d'un péril ravageur, mais par intérêts personnels d'envisager la fin de leur monde auquel ils croient tant. Plus la médiasphère, considérée par prise de position comme propagande, tympanise que des individus et leur projet sont dévastateurs, plus ceux qui subissent accordent du crédit à ceux que la presse actionnariale et son milieu dénoncent.

Il y a les abstentionnistes et ceux aux votes blancs, ceux qui ont conscience de la supercherie du non-choix entre entretenir un aménagement romanesque ou l'abroger pour un semblable, avec de nouvelles abominations. Mais leurs voix ne sont pas entendues, même si elles sont majoritaires dans la tête et le cœur. Elles découleraient à révoquer une configuration du suffrage actuel qui sert d'immunité à ceux qui ambitionnent les mandats, au bénéfice de l'universalité de ceux qui ont la capacité électorale, à vouloir le remplacement de la structure en application. Par conséquent, on cultive le fait que sur une soixantaine, une quarantaine a l'admissibilité d'opter ; sur cette quarantaine, il n'y a plus qu'une trentaine qui obéit encore à conserver cette élaboration ; sur cette trentaine, on a la « liberté » de voter pour une ou un prétendants qui recommandent le maintien de cette non harmonie par le réformisme. Pour la trentaine d'autres, il y a la servitude d'une soumission. Cela sans compter ceux dans cette trentaine, qui continuent à voter ce système, par défaut d'une nouvelle possibilité dissemblable que celui d'un renouvellement de packaging.

La boucle est bouclée, puis les équivalents sont alors renommés. La figure change, parfois le lexique, parfois l'uniforme, parfois la posture, parfois les extrémismes. Puis toujours la même république, la même économie du plus fort, les mêmes injustices, les mêmes inégalités, les mêmes guerres, les mêmes privilèges, le même quotidien, la même souffrance, les mêmes sacrifices, les mêmes critiques, la même culpabilisation, la même violence, le même matraquage, le tout avec les mêmes mensonges et trahisons. Des élus attachés au pouvoir comme une mouche au cul d'une vache. Élus aux arguments d'une propagande, sponsorisée bien trop souvent, par ceux qui souhaitent le retour de la monnaie de leur pièce. Élus grâce au culte de la personnalité, prétendant malgré tout en être éloigné. Élus en formulant ce que les gens ont besoin d'entendre. Élus par le « faites ce que je dis, mais ne faites pas ce que je fais ». Élus pour être manipulés. Élus pour avoir de la reconnaissance. Élus, car c'est sa destinée. Élus pour les avantages.

Il y a par des circonstances une lueur d'espoir se nommant Possibilité
D'ordinaire isolée, parce que nos yeux sont aiguillés sur la duplicité.
Parfois élus ou exclus, mais désintéressés par ceux qui forment l'actualité.
Leurs valeurs sont faites d'actes concrets, puisque c'est ça qui fait progresser la réalité.

D'empathie pour ceux qui ont été désabusés, puis les font se rassembler.
S'excusant d'être différents tout en se battant par des actions, pour l'égalité.
Travaillant dur non pas pour s'enrichir, mais pour que chacun sache partager.
Convoyés de petites mains qu'ils n'ont pas d'appréhensions à côtoyer.

Estimés comme déséquilibrés, du seul fait qu'ils aspirent à rompre l'ordre élaboré.
Affrontant l'excès de notre monde, souhaitant le défier plutôt qu'être soudoyés.
S'efforçant de remplacer les règles, par la raison que le régime n'est plus approprié.
Dédiant leur vie à la cité, pour l'humanité, ces gens prêts à se révolter.

Alors si par chance ils sont parés à se présenter ;
Ce jour est inévitablement l'unique occasion de changer dans la paix.
Pour que l'avenir ne soit plus fait d'individualité, mais d'une seule communauté.
Pour qu'un pays, des nations et un continent trouvent un sens à se rassembler pour l'éternité.

Dans l'optimisme d'une métamorphose de notre société, des bulletins sont en marche vers les extrémismes qui s'approchent petit à petit, dans un brouillard de statistique sans queue ni tête. Les partis s'exhibant « démocrates », ou d'apparence « progressiste » avec leurs excès idéologiques d'économie mortifère, continuent à persévérer dans leur duplicité pour conserver leur pouvoir face aux autres extrêmes idées et à la révolte de la population. Une détresse d'embrasement due au mensonge et aux trahisons assenées, avec la cure de culpabilisation faite d'austérité. Une partie des citoyens qui oppose une contestation à acquiescer à cet aboutissement, est fractionnée entre sécessions puisque la bourgeoisie y travaille pour et agressivité à l'égard de ceux qui ont voté pour les extrêmes, et ceux qui les ont façonnés par la propagande et les décisions infligées. Par instant, sans même vouloir s'efforcer de déchiffrer que certains peuvent en venir à cette liberté, par abattement ou comme une croyance créée par le matraquage de l'unique solution à l'échappatoire du contexte perpétuel.

La majorité des gens abrite en eux, au fond d'eux, la colère cultivée par leur sanction quotidienne. Les plus blessés, ceux que l'on n'entend pas, mais qui souffrent en première place, ne voient plus que par la loi du talion pour l'exemple. En désespoir d'un « Nouveau Monde », les discussions politiques virent parfois aux rires nerveux de la tentation de ressortir le grand rasoir national, ou la lame ensanglantée des sous-sols de Fontainebleau. Les théories barbares sont alors légitimées due à la hauteur de ce que le peuple endure, plutôt que l'exigence d'un jugement comme les frères Irlandais ont infligé à leurs banquiers. Parmi les plus blessés, il y a ceux qui convainquent. Ils démontrent que certes, cette architecture n'en est plus une, qu'il n'est bon que pour l'individualisme et non la communauté, mais qu'il faut la rationalité et non l'atrocité pour escompter une évolution de la société. Ces humains préfèrent justement l'action de chacun pour un changement, en essayant de passer aux actes au quotidien, bien qu'en retour ils n'ont que des faits lancés comme justificatifs, par simplicité.

Le pays est à l'évidence disloqué, les excès de chacun, les discours et les politiques trompeuses n'apportent que des conflits et des séparations. Ce qui est sûr c'est qu'au vu des tensions, nous devons nous l'avouer, nous ne pouvons que reconnaître que ce système est à bout de souffle, et ceux qui l'ont gouverné en sont responsables. L'histoire nous apprend que le dénouement d'un régime, à de rares exceptions, cause des monstruosités, mais à la hauteur de notre civilisation, nous sommes dans l'exigence de l'éviter. Il apparaît crucial d'emprunter le chemin d'une novatrice démocratie, mais pas celle que désirent les privilégiés. Pas celle qui ambitionne encore de réformer les procédures de scrutin, car les consultations ne sont plus appropriées au souhait de ceux qui dirigent, ou celle qui cultive le fait que les gens ne savent pas voter.

L'adoption d'une nouvelle constitution doit générer des mesures qui sont dans l'obligation de profiter à la majorité, sans endurer de l'influence. Des codes de transparence et de supervision par le peuple. La disparition d'un pouvoir exclusif à un président. Un parlement fait de représentants au mandat unique et révocable, sans prérogative, paritaire, avec des mensualités calquées au salaire moyen de la population, un pourcentage de représentant qui correspondent au pourcentage des différentes classes sociales de la nation/continent . La coopération civique dans l'édification des choix pour la société. Un mode de présentation à une nomination non pas par des parrainages d'élus ou par désignation d'un commandement, mais par un nombre de soutiens citoyens… Un bouleversement des règles qui approuve la prise en compte de ce que réclament les membres de la communauté. Une réinvention qui permettra la fin de puissance et de propagande de la part de ceux qui ont le pouvoir et qui aiment le pouvoir. Il faudra donc être attentif à ceux qui nous proposent cette mutation, pour être à même de les mener à faire ce que nous avons besoin d'avoir.

S'ENRICHIR OU SUBIR
HANS ZIMMER - STAY

Qu'en est-il de l'intérêt de travailler lorsque l'on est salarié, que le revenu perçu pour nos compétences est inférieur au coût financier des besoins primaires (loyer, alimentation, électricité, eau) et que cette rémunération sert strictement à survivre pour la luxure des actionnaires et rentiers ?

Pour nous, SMICARDS, on en vient à supplier notre banquier afin d'« acquérir » un crédit à la consommation, pour avoir la capacité de nous acquitter de nos factures. Cela, avant même de pouvoir envisager de se nourrir avec des denrées pour lesquels nous payons davantage l'actionnaire, le packaging et le marketing, que les vitamines que contient le comestible génétiquement rentable.

Désormais, les citoyens exercent une profession pour pouvoir oublier cette anxiété de se retrouver frappé d'ostracisme, par l'égoïsme sociétal en vigueur, à l'indifférence de tous dans la rue, dans le froid, vers la fin. Quand on est au chômage, employé, fonctionnaire, ouvrier, on survit avec le SMIC et vie à crédit. Cela est présenté comme l'unique échappatoire pour que notre pays persévère sa soumission à l'appartenance du libre marché déraisonné, où la répartition des richesses se fait par une main invisible, que nos soi-disants gouvernants s'efforcent à perpétuer ou à exacerber.

Les artisans, et ceux aussi qui parfois n'exploitent qu'eux même, espèrent un revenu minimum, mais de par les impôts qui sont invivables, inéquitables par rapport aux grandes structures et la paperasse indigne, on leur refuse. De plus, leur seule protection sociale est un système qui les amène au suicide avec pour arsenal de pression les sommes disproportionnées réclamées sous des prétextes de protection sociale, qui ne leur accordent que l'apparence de celle-ci. Les promoteurs d'idées ne se rémunèrent plus ou très peu, strictement pour que les femmes, hommes, intersexe, familles, qui ont permis d'édifier collectivement leurs projets, n'arrivent pas comme eux à des tentatives de mort volontaire, due à la précarité. Les ambitions de ces établissements ne sont plus de développer celles-ci, mais de satisfaire prioritairement les prélèvements de taxe inéquitable et de répondre à de l'administratif, pour pouvoir parvenir tant bien que mal à récompenser le fruit du travail des salariés. Quand on est artisan, agriculteur, auto-entrepreneur, on survit en fermant son entreprise et survit à crédit.

Les « capitaines d'industrie » vivent, eux. Aider par ceux qui servent le capital ou se soumettent à lui, s'efforcent de trouver par tous les moyens fiscaux à décupler les dividendes de « leur société

», dans le but d'accroître les rentes de leurs actionnaires dont ils font partie, qu'ils perçoivent comme des messies. Des dieux Midas nommés sur tous les supports médias, sans qui « nous ne serions pas là », sans qui « beaucoup d'individus seraient à la rue », sans qui « notre nation serait dans la misère ». Pour défendre leurs décisions pro-actionnariat du « toujours + » et du « plus c'est gros, plus ça passe », les « éditocrate », les « experts », les « émissions télé » nous rabâchent leurs sermons depuis des décennies. Une leçon qui nous dit que nous devons acquiescer à œuvrer plus longtemps, mais avec moins de revenus et moins de protection sociale. Que si le revenu minimum est relevé, nous créons le chômage et que nous sommes les uniques fautifs de la pauvreté de nos concitoyens, déjà dans l'extrême précarité. Ces propres personnes souhaitent nous culpabiliser en nous faisant la morale, alors même qu'ils travaillent de près avec ces entreprises pro-actionnariales, sous faux-semblants prolétaires.

Pour certains, la survie se fait discrète et elle est guidée par une dictature de dogme pour la préserver. De ce fait, elle n'est pas observable, car notre écosystème médiatico-marketing paralyse certain d'entre nous, les plus « aptes psychologiquement », dans ce conformisme du paraître.

De par les différents canaux de communication et d'influence, on prescrit l'apparence comme schéma de première nécessité pour se ressentir ou espérer un jour appartenir à la classe supérieure financière ; se convaincre d'être heureux jusqu'à négliger l'intérêt commun de métamorphoser notre société inéquitable :

- S'endetter à devenir matériellement individualiste par le prix de nos besoins superflux, qui sont des obligations ostentatoires que l'on ne pourrait normalement pas acquérir, car au-delà de nos possibilités financières. Ce qui revient à vivre à crédit et qui au moyen des achats effectués par ce prêt, donne un sentiment d'affiliation à un statut communautaire haut de gamme.

- S'infliger à s'emparer de thèse idéologique contradictoire à ce que nous sommes, pour se sentir apparenter, en tant que personne, à l'opinion en vogue. Et cette pensée pourrait donc s'afficher plus gratifiante socialement que le point de vue qui nous anime réellement.

- S'imposer des usages de richesse pour aspirer à être remarqué et perçu comme celui qui les porte, les promeut afin de souhaiter s'élever au-delà de sa position sociale à la vue de celui-ci ; en espérant être accepté par la classe supérieure, car soumis à ces normes.

- ...

Pourquoi ce sentimentalisme d'appartenance est illusoire ? Simplement parce que le paraître, les goûts, ne sont pas les seuls codes qui entrent en compte dans les dispositions d'une classe donnée. Seulement, à l'heure d'Internet et des réseaux sociaux, il est difficilement véritable qu'un individu montre autre chose que ce qu'il est, ses préférences, ce qu'il songe véritablement. Une photo mise sur les réseaux sociaux exprime une manière d'être sur le moment, mais celle-ci peut être prise et reprise jusqu'à l'obtention du rendement voulu pour publication. Une phrase écrite, un « statut » démontre une façon de témoigner instantanément sa pensée, mais peut être modelé et modifié indéfiniment avant d'être posté. Les réseaux sociaux prodiguent un effet immédiat, mais celui-ci est bien souvent travaillé, recherché pendant plusieurs minutes pour espérer vouer l'impression qu'elle ambitionne de communiquer. Ainsi, ce stratagème d'exposition objectivé ou plutôt cette méthode virtuelle cache la spontanéité d'un humain. Une fausse franchise qui fait croire à soi-même comment elle souhaite être et comment être perçue par un maximum de personnes, dont celles et ceux à qui elle aimerait appartenir, ou servir son et leurs intérêts.

Cela est aussi une partie de la formule magique pour que certains d'entre nous s'interdisent de se révolter ; être en retenue dans notre calvaire ; ne pas extérioriser notre angoisse permanente que le capitalisme nous assène ; manifester que l'on arrive plus à vivre dignement ; ne pas pleurer nos rêves disparus et notre avenir souillé.

La survie se fait pendant que des rentiers et ceux qui les entretiennent, avides de prosaïsme et de richesse monétaire, font de plus en plus de béné-fices. Qui pour avoir toujours plus, influencent les décisionnaires depuis des décennies dans leurs choix économiques et sociétaux. Car, la corruption n'est pas uniquement financière, elle est aussi morale.

La doctrine politique et médiatique conforte le leitmotiv selon lequel le bonheur s'acquiert par le nombre de zéro que l'on possède sur son compte bancaire. Que l'on doit fonder sa compagnie pour pouvoir accomplir sa vie et devenir milliardaire ! Par là, elle appuie sur le fait que l'on ne puisse mener à bien son existence quand on est SMICARD (tout en souhaitant sa disparition), car nous n'avons pas le capital pour être heureux. Cela, alors même que des bâtisseurs sont rongés par la fiscalité inéquitable, l'administratif, et essaient de subsister tout autant que les salariés.

La doctrine étaye qu'il faut consentir à tout et n'importe quoi, lorsque c'est légalement approuvé par celle-ci et rémunérateur, pour pouvoir s'élever socialement ; allant même jusqu'a endosser des conditions de travail de souffrance ;

allant même à fermer les yeux sur des choses dignement cruelles ; allant même à plébisciter que nos enfants soient prêts à commercialiser leur âme, pour avoir toujours plus d'appétits de consommation matérielle que le marketing leur inculque. Par là, elle soutient que tout est bon à accepter pour pouvoir avoir de l'argent et ne pas obéir au SMIC, que le destin d'un mortel est de s'enrichir ou de subir la vie.

Bien que les faits soient existants, que la douleur soit palpable, mais qu'elle se fasse discrète, un grand nombre de politiques et d'influenceurs possèdent des orbières. Ils ne sont pas déconnectés de la réalité, mais sont dans celle des 1 % parce qu'ils y sont nés ; parce qu'ils souhaitent en faire partie ; parce qu'ils préfèrent s'accomplir à travers eux par peur d'être de ceux qui endurent. Le travail n'est plus d'utilité à ériger un projet ; améliorer nos technologies ; résoudre des problèmes ; proposer des services ; donner du rêve. Mais, il est de simple usage à maintenir en vie des femmes, des hommes, des familles, pour faire prospérer quelques-uns le plus rapidement possible. Jusqu'à quand nous continuerons à cautionner ce soi-disant « partage des richesses » qui en est un que pour les 1 % ?

Est-ce que cet esclavage moderne perpétré sur la majorité peut nous résister, si la règle démo-cratique veut que dans une perspective d'avenir, un salarié (PDG - hors cadres - cadres sup. - cadres - salariés - intérimaires - autres statuts) ne puisse pas gagner 10 fois le salaire le plus bas de l'entreprise ? Que s'il y a actionnariat, il doit y avoir actions à part véritablement égale. Les uniques actionnaires d'une compagnie doivent être des employés ayant une fonction spécifique, avec des heures de travail dans l'établissement, tout en ayant une réglementation pour éviter tout contournement ?

Avec cette solution de redistribution des ressources financières, cela permettra de mettre fin à l'exploitation de la « marchandise humaine », un meilleur partage des richesses, l'avortement de l'avidité des plus « riches financièrement » et de leur moyen de pression/d'influence, pour sa subsistance ?

Ne vous dites plus que vous êtes seul à pleurer ; ne vous dites pas que personne ne peut faire quoi que ce soit ; ne vous dites pas que cela ne peut changer ; ne vous dites pas que c'est le système qui est comme ça ; ne vous dites pas que ce syndrome de Stockholm 2.0 que certains expriment face à nos guichetiers est une fatalité. Mais, n'espérez pas une transformation économique et sociétale par nos gouvernants ; ne comptez pas sur les 1 % pour accepter d'autres alternatives ; ne rêver pas à ce qu'ils travaillent à une mutation économico-morale, car leurs combinaisons sont rodées à leurs avantages.

Ne vous rendez plus complice d'une conception du monde qui nous maintient en souffrance. Alors, organisez-vous, criez pour vous faire entendre, utilisez leurs outils et moyens de communication et de commerce pour nous propager, désobéissez face aux consignes de votes, refusez les dogmes, soyez vous-même. Pour que dans les jours qui viennent, ce système d'esclavagisme moderne s'achève et que par la force des choses, démarrent des idées novatrices portées par une véritable vague démocratique, à hauteur de notre civilisation et de notre temps.

LA DÉSTABILISATION À PROFIT
HENRY JACKMAN - CAPTAIN AMERICA

Nous étions persuadés que les guerres et les souffrances de nombreux peuples auraient eu pour impulsion de confectionner la paix entre les mortels, entre les nations, entre ceux qui croient en un Dieu. Les malades sanguinaires comprendraient que leurs conduites, leurs décisions et les conséquences de celles-ci ne pourront rester impunies face à la justice. Rien que sur les 150 dernières années, la folie s'est manifestée par des massacres et génocides, humains, animales, sociaux, psychologiques et écologiques. Mais ils n'étaient pas suffisamment barbares pour que certains, noyés dans l'ultraconnectivité marketing, les identifient autrement que comme des récits en 140 caractères. Pendant ce temps-là, la corruption de toute sorte nécrose notre environnement. Nous nous satisfaisons de montrer du doigt les personnes engagées la main dans le sac. Mais afin qu'il y ait corruption, la recette précise qu'il doit y avoir des gens qui ambitionnent à corrompre et bien communément à des fins de convenance financière, de pouvoir ou d'influence.

Les soldats ont été utilisés comme recours pour des intérêts, certains continuant naïvement, en dépit des faits, à s'auto-convaincre qu'ils préservent valeurs et paix pour un pays et un continent, lorsqu'ils sont missionnés sur certaines opérations. Tandis qu'ils sont vulgairement considérés, par ceux qui tirent les ficelles pour manœuvrer les politiques qui déclenchent des ordres, comme des facilitateurs de contrats commerciaux ; comme le meilleur stratagème pour qu'un égo surdimensionné puisse laisser son empreinte dans la mémoire collective ; parfois comme des dispositifs de bâillonnement

d'orifice buccal ; le tout sous faux semblant mé-
diatico-humanitaire. Pendant ce temps-là, les re-
cherches scientifiques ou la retroingénieurie sur
des ingénieries dites « exotiques » sont mises en
œuvre exclusivement pour l'industrie militaire et
non au service des peuples, alors qu'elle consti-
tuerait une synergie civilisationnelle. De quelle
façon certains États et leur religion du marché
prolongeraient leur hégémonie si les novatrices
technologies sont ouvertes à tous ? Mais qui
achèterait leurs ors noirs et leurs brevets sur le vi-
vant ?

La guerre a réformé sa physionomie, le sacrifice a
toujours pareil effluve, sa méthodologie nous est
érigée de force comme vitale et salutaire. Le patriotisme d'antan où les terriens étaient prêts à
perpétrer l'offrande d'une âme est encore existant, pour ceux qui ont la boulimie des héros,
pour perpétuer leur monstruosité. Celui qui sub-

tilise sa place en guise de folie s'est baptisé l'économie, mais il peut tout aussi être cumulé au patriotisme d'antan. Les nouveaux pouvoirs débarquent, s'auto-convainquent en famille et la promeuvent à tort « droit de l'homme », car elle se commercialise mieux nommée comme tel. À l'inverse de nous, dans leurs bouches, les droits de l'homme crédibilisent médiatiquement l'argent des impôts pour confectionner des missiles à plusieurs millions d'euros et de dollars, qui serviront en conclusion leur globalisation financière et non l'intérêt de vivre en paix par l'harmonie des peuples. Aucune guerre moderne n'a bonifié notre monde avec des roquettes, des balles, et des massacres civils tweetés « dommage collatéraux ». Au regard de cette « solution », nous nous serions déjà tous pris une bombe atomique.

Cette actuelle « économie » et ceux qui s'en délectent, estime les propriétés de chaque territoire souverain de notre astre comme une carte bancaire à crédit illimité ; ayant pour plafond que lorsque celui-ci nous notifiera le « Game Over » et en attendant que le plus redoutable triomphe. Leur « économie » fait de nous, non plus des êtres humains de la planète bleue, mais des variables d'ajustement, consommateurs et non plus des citoyens, qui doivent obéir à ce que l'on nous vend. Puisque réfléchir n'est pas à leur mode, car nous ne raisonnerons jamais comme eux, donc nous raisonnons improprement, alors soumettons-nous encore ? Politiquement et médiatiquement, ce système d'exploitation binaire, ils nous l'infligent sans aucune envisageable lueur de substitution. Ce sera leur doctrine ou notre mort.

Les guerres entrent sur scène sous fond d'intelligence commerciale, un assaut qui peut être statué à dès fins de fragilisation de certaines parties de la sphère terrestre, pour en dégager une potentielle rente marchande. L'exploitation des richesses minières et forces humaines par temps de paix, c'est bien, mais que quand cela arrange le business des puissants. Alors au moment où il y a une résistance d'un pays à s'asservir à des appétits de profit, de quelle manière présenter le sang et les larmes sur le marché de la masse rendue malléable ? Comment façonner la bienveillance du monde d'en bas, pour que la bulle d'en haut obtienne un soutien qui privilégie leurs intérêts ? Pour cela, le déploiement du protocole marketing est propulsé en GO sur tous les médias en service économique. Les exigences du « toujours plus de productivisme » se transforme discrètement en politologie martiale pour le bienfait du PIB. Le paramètre messianique invoqué en religion depuis notre enfance, parce que consommer générerait le bonheur et conditionnerait toute insurrection à la faveur de l'article 35 qui serait à la défaveur de leur économie. Ultime identificateur qui ferait office d'une louable santé de la population et qui amènera le vote pour une réélection des fausses « alternatives », influencé par les 1000 personnes sondées juste après la déclaration d'hostilités. La déstabilisation à profit se déclenche, tous les moyens de communication asservis financièrement aux « personnes qui ont pris des risques » ont recourt au vocabulaire adéquat pour faire consentir un « conflit » et le légitimer. Les variables d'ajustement cautionnent ce qu'on leur tambourine en longueur d'édition d'exception sur les chaines en marche économique et transportées par les spécialistes de connivence. Nous nous subjuguons à la pensé administrée, car pourquoi vouloir raisonner puisque la TV le montre ? Une scène vaut n'importe quel livre, mais pas un Tweet ; puis les dirigeants sont là pour prendre des décisions pour mettre un terme à ces spectacles de sang et de larmes et non l'inverse, qui serait irrationnel. Divertissons-nous pour négliger et du peu que l'on soit rémunéré, dépensons, empruntons pour se procurer l'ultime bijou technologique perfectionnant notre existence, arboré dans la publicité assénée entre deux paysages de déflagration de l'autre côté du globe. Ce suprême produit, devenu besoin primaire, confectionné au moyen de ressources des sous-sols de ce qui reste de cette nation, pour lesquels nous avons vu les images d'atrocité ; des matières façonné par des pays qui n'ont plus que des cimetières usines en guise de grande industrie. Pas grave, on n'a plus de plage horaire de disponible pour faire œuvrer sa matière grise, acquiesçons. Et puis si nous raisonnons, nous ne consommerions plus les marchandises issues de ces guerres commerciales qui nous permettent d'oublier notre quotidien. Et puis nous battrions nous pour un Monde à la hauteur de notre siècle? Le système est comme ça, ce n'est pas notre petite personne qui le métamorphosera, alors obéissons-lui, encore, car j'ai peur de perdre le peu de temps et le confort qu'il m'octroie.

Certains prodigueront en s'étouffant dans leurs neurones, que ce ne sont que des réflexions caricaturales ou formées de théorie du complot. Que l'on n'est pas assez intelligent pour saisir, dans la mesure où nous n'arrivons pas à expliquer comme eux ! Que l'on se trompe puisque l'on ne pense pas comme eux ! Qu'ils savent, car ils connaissent des gens, parce qu'ils lisent, parce qu'ils ont accès aux médias d'information, parce qu'ils ont un cachet élevé du fait de leurs prises de risque qui approuvent leurs paroles, parce qu'ils ont tel diplôme et qu'ils ont fait telle école ! Je leur répondrais qu'il n'y a pas de simplicité ni de conspiration, que ça s'appelle juste du business, que c'est ça le monde qu'ils entretiennent. Qu'à la genèse de chaque nouveau conflit, il y a une arrière-boutique qui est en marche grâce à l'argent, l'influence, le pouvoir, et les accords commerciaux ! Que si la paix faisait réellement du bénéfice ils auraient un ministère de la paix !

Le terrorisme quant à lui, est un outil de la guerre. Celui-ci est coutumièrement subventionné par des régions ambitionnant de déstructurer des nations pour une phobie de leur mode de vie, mais également pour étendre leur pouvoir, leur inspiration, leur hégémonie monétaire. Leurs dirigeants présentent un double langage ajusté aux circonstances et aux « partenaires » se trouvant morfondus sur eux-mêmes face à la mondialisation et ses conséquences, mais partenaires ornés d'un sourire de joie pour l'attention que lui porte celui qui l'invite. Ils exhibent un paraître d'incompatibilité par des mots devant l'horreur, tout en apportant les accessoires logistiques à ceux qui tendraient vers un modèle commun de gouver-

nance religieuse fanatique et/ou d'économie fanatique. L'appareil extrémiste se diffuse sans
complication par la simplicité des échanges d'information, des flux financiers, la propagande
médiatique. Les discours d'apparence et les
fonds de capitaux de ces investisseurs délaissent
la présence d'esprit de ne pas quitter des yeux
leurs combinaisons. Pendant ce moment-là, des
individus de convenance et instables mentale-
ment, font fonction d'armes d'assassinats de
masse, s'auto-convainquant de se soumettre pour
une cause juste tout en se cherchant une identité,
mais qui ne servent que les intérêts de quelques
personnes.

Leur mondialisation, pour ne pas faire mention
de l'économie dictatoriale qui était dissimulée,
était censée être destinée par les divers pouvoirs
exécutifs comme l'organe qui allait permettre
d'instaurer l'universalité des habitants de la

sphère terrestre. Les barrières frontalières n'auraient plus de nécessité et disparaîtraient d'elles-même pour laisser place à l'interaction culturelle et artistique, à l'échange des technologies pour développer les nations, l'émergence de conditions sociales et écologiques à la hauteur de notre siècle. Elle a été promise comme tel, mais dans les faits elle a été faite pour ce qui pouvait être de plus destructeur pour notre planète et notre civilisation, car ils l'ont faite puis dirigée par et pour l'argent. La mondialisation aurait pu être le début d'une nouvelle ère, mais c'est ce qu'ils en ont fait qui a broyé ce rêve. Comme le Phœnix, nos rêves renaîtront de leurs cendres, soyez patient, ce n'est qu'une question de temps. Pendant ce temps, les flux financiers guident les guerres et la survie de chacun, elle pulvérise des pays entiers et en héroïse d'autres médiatiquement. À l'accoutumée, ceux qui déchiffrent cette rhétorique sont ceux qui endurent cette combinaison mortifère, agité au rang de Dieu. Ceux qui s'en délectent expliquent en cette divinité que des privilèges, ne subissant pas ou peu sa main, et ne contemplant que son regard de mâle Alpha pour espérer lui appartenir ou continuer à lui appartenir, ne prêtent pas d'importance sur qui elle est assise.

Là où précédemment les gouvernements ont déchaîné les canons, l'artiste influence une révolte face à des interventions controversées au détriment d'une harmonie universelle. De nos jours, l'empreinte du pacifisme par la création artistique s'est laissé séduire par la convoitise du gain. Pour exemple, un grand nombre de films et de musiques esthétisant l'économie fanatique et ses guerres ; cela en le louangeant dans ses paroles ou dans les scènes qui les popularisent, tout en prétextant un intellectualisme par un engagement politique d'un monde meilleur ou un second degré. La possession de biens exaltant, la facilité du plaisir par le bénéfice financier, le sadisme pour récolter du positif ; c'est dorénavant cela que l'on médiatise, abandonnant la jeunesse à supposer que c'est par ce chemin de vie qu'elle émergera de la « galère ». Acquiescez à cet ajustement et il y aura pour les plus forts l'encouragement par la reconnaissance, la richesse monétaire, la jouissance par la chair, le besoin matériel haut de gamme. Combien d'artistes ont livré les malheurs de leur existence et de leur quartier/campagne, révélant ce que la société leur inflige ? Considérablement, car ils sont beaucoup avec du talent qui ont su extérioriser par les mots justes, parfois sur des mélodies et sur des images, des réalités éprouvées par ceux que l'on ignore en dehors des temps électoraux. Notoriété bien accomplie, incroyablement trop finissent par se targuer d'excès dans leur « art », des profits que leur a accordés la majorité que l'on a fait taire, par l'énergie et les larmes de leur travail quotidien, pour acheter places CD DVD streaming goodies. Ces gens qu'ils négligent désormais et qui les ont pourtant fait sortir de ce qu'ils dénonçaient précédemment, les abandonnant avec leurs manifestes comme de l'histoire passée, préférant jouer le jeu de ce système qu'ils accusaient dans leur plus jeune âge.

Dénoncer ce que la politique et leur doctrine produisent par cette religion économique, et l'encourager une fois que l'on a croqué dans le gâteau. Probablement que cette effet schizophrénique adoptée à base de mémoire sélective et d'individualisme est peut-être la meilleure chance de ne pas revivre ce qu'ils ont éprouvé et évite de revenir à la case départ. Qui est le plus faible ? Celui qui s'est laissé aller à dévorer la part de dessert qu'on lui tend et la promouvoir en échange, ou celui qui dit « non merci » et choisit de continuer avec sa propre recette ? La guerre est donc également sociale, car pour faire cautionner les hostilités que crée cette « économie », il faut faire plébisciter à la foule la fièvre de ce système qu'elle institue et ces codes. Pour ceux qui doivent influencer la masse, c'est aussi faire croire à ceux-là un monde économique où ils pourront désirer jusqu'à leur mort de croquer à leur tour dans le gâteau. Mais l'expectative inculquée quand elle est excessive, démesurée, sans aboutissement possible, cela engendre conflits et frustrations au sein de la société, dans la tête et le cœur de ceux à qui l'on fait espérer, soit la majorité. Nous ne serons jamais tous des humoristes remplissant des zéniths, des acteurs super héros, des rappeurs à la violence faite de bénéfices et de rentes immobilières, des footballeurs pilotes de Lamborghini, des rentiers philanthropes, des stars de télé-réalité à obsolescence programmée, des stars du porno amateur, des héritiers sur papier glacé, des monarques élus par défaut, des énarques, des entrepreneurs à la prise de risque médiatique, des éditorialistes méssianiques, des blogueuses modes panneau publicitaire, des artistes sans arts.

Grâce à ce système, je suis le meilleur, par cela j'accepte d'être influencé et exploité. Par cette condition il m'est permis à mon tour d'influencer et d'exploiter ceux occupant une place inférieure dans la verticalité économico-sociale. En contrepartie, je pourrai être récompensé par ma part du gâteau. Cet idéalisme s'accompagne d'individualisme et non de collectif, en proposant une vision d'une société faite d'argent, de pouvoir, d'influence et de ressources illimitées pour le plus fort. Celui qui a envie d'être le plus fort pourra appartenir au groupe du mâle alpha qui dirigera les cerveaux rendus malléables, arrêtera de le subir et qui de ce fait pourra en profiter, et ce qu'elle que soit sa position dans leur société. Le tout, que ce soit pour ceux qui souhaitent avoir leur promotion, être cadres, être bien vue par sa hiérarchie, ou bien même ceux qui veulent être médiatisés, avoir de l'influence, ou avoir du pouvoir et de l'argent : être le plus fort.

Il ne peut y avoir de mondialisation prospère avec ce système économique, qui a pour mécanique de fonctionnement la fièvre de l'accumulation d'argent. Pour qu'il y ait profit, il faut des foules qui perdent et qui soient condamnées à la mort ; l'accumulation de profit s'oppose à des règles de partage ; la régularisation par le marché se fait par les marchands devenus marionnettistes. La convergence de ces trois spécificités engrange les guerres, détruit notre écosystème et ne peut donc générer la paix. Le tout guidé par des egos envahis de cupidité, d'avidité, de vice, qui ne seront jamais rassasiés et qui sont les

vertus de ces illogiques lois naturelles qui do-
mestiquent l'humanité. Pour eux et par eux, se
fier au savoir et à la culture est estimé comme lu-
cratif, raisonnant par égaux comme des rois hy-
brides d'Égypte, que leurs richesses monétaires
leurs permettront de peser sur la balance juste
après leur dernier souffle. Délaissant sa soudaine
peine et remords comme contagieuse pauvreté
des mortels.

Finalement, émanant de la bouche de ceux en
recherche de profit économique, la libre circula-
tion des biens et des humains était interprétable
différemment : les humains sont des biens, chacun possède dorénavant son étiquette et doit
acquiescer aux protocoles du commerce. Le
remplacement du productivisme ne peut aspirer
à être semé, puisque ceux qui supervisent la parole ne veulent pas que le cadre imposé s'extirpe
de cet agencement qui est pour leurs fonctionna-

lités. Les penseurs ayant volonté de s'ingénier à d'innovantes conceptions pour corriger notre civilisation, sont séquestrés médiatiquement dans le mutisme et la pénombre, accusés par certains de haute trahison au monde contemporain par dénonciation calomnieuse des pires atrocités que des sanguinaires ont commises. Ils se laissent persuader que leur idée est utopique tandis qu'elle contribue au commencement d'un Monde. Dans un même temps, les experts de connivence s'éterniseront à vous faire gober que l'« économie » actuelle ne tourne pas comme désirée et qu'il faut la reconstituer, toujours et encore, pareillement et d'ordinaire, également à l'accoutumée; pendant ce moment-là l'horloge continue encore de tourner et rien ne change. Mais on ne peut réinventer l'irréformable, car c'est une « économie » en marche avec une seule norme, celle du plus fort. C'est un fait et ceux qui disent le contraire ne comprendront cette règle que lorsque ce sera le moment pour eux de l'endurer, en attendant ils suivent la meute, préférant lui appartenir que la combattre, préférant ou espérant en profiter.

La guerre est bien souvent déclenchée par cette « économie », les images d'atrocité diffusées en boucle sont les conséquences des combats, qui sont trop souvent les retombées de cette bagarre aux contrats d'affaires, pour les richesses des sous-sols. La meilleure arme, celle la plus redoutable c'est la diplomatie, pour peu qu'elle soit mise en œuvre avec clairvoyance. Elle est désormais faite par de spécialistes économiques ou plus communément « commerciaux du secteur privé » qui provoquent puis négocient les accords marchands pour le présent et l'après destruction. Ceux qui ne voient l'existence humaine que par l'économie, sous faux-semblant de droit de l'homme, considéreront qu'une « bonne guerre » relancera l'économie ; que ce sera mieux pour contrôler la masse, puisque plus restreinte ; que ça fera moins de retraites à payer ; que la population diminuera et qu'il y en aura plus pour ceux qui survivent. Ceux qui pensent un peu trop fort diront que 500 000 enfants massacrés est un prix qui en vaut le coup. Voilà ce que l'on peut comprendre et entendre des matières grises formatées à coût de variable monétaire et du mépris de la vie. Voilà ce que certains peuvent entendre de la part d'un collègue de travail ou de sa hiérarchie, d'un ami, de tonton et tati, de papi et mamie, du cousin ; ce que l'on peut en-tendre du monde se laissant séduire par le récit qu'on leur fait au creux de l'oreille. Le tout racon-té par de simples gens qui ne subissent pas la guerre, mais qui la commentent de façon à ne pas froisser actionnaires et dirigeants de grande industrie qui les payent et ne pas perdre leur ac-tivité médiatique.

À l'instant où un rassemblement de personnes s'auto-organisera pour nous défendre, non pas avec des agitateurs, mais avec des édificateurs, pour livrer le combat avec la guerre économico-sociale en soulevant d'innovantes fondations réunificatrices, les forces de frappe économiques convoyées de sa propagande seront déjà en joug parées au pilonnage. Des armes financières ou financées prêtent à spéculer et à nous influencer, dans l'intention de nous catalyser dans l'acceptation d'une liberté qu'ils jugent funeste et effectuant dans l'instant la répression ultime par les marchés. Enterrant toute indépendance de s'autoriser d'émerger de cette structure létale ; renonçant l'occasion d'une connexion entre un nouveau schéma et la civilisation; nous confinant sur le même cheminement dicté, qui tuent les êtres vivants et son écosystème ; mais laissant la simplicité de finir par plébisciter leur doctrine.

L'énergie collective est une ressource féconde, à l'inverse de leurs richesses monétaires. Il parait que les vainqueurs l'écrivent et que les vaincus racontent l'histoire. Maintenant, assumons-nous vaincus pour devenir vainqueurs, composons notre future histoire pour la chanter, chacun dans son coin pour l'amorcer et tous en chœur pour la convergence. L'abandon de leurs folies d'une soi-disant démocratie par la finance est décisive, car mortifère par la guerre aux contrats et par l'influence sociale qui la font accepter. Elle ne doit pas se faire par le sang, mais doit se faire par l'art et l'éducation qui doit se muter en protestation ; quand bien même celle-ci paraît moins redoutable d'apparence qu'une bombe de classe EMP ; ou qu'un éditorial au service du mâle alpha ; qu'une loi décrétée à nous, variable d'ajustement, faite directement par ceux en aspiration de maîtrise de la « masse » ; que des images louangeant

la richesse pécuniaire et sa bulle ; qu'une publicité nous prescrivant les codes économiques et
son univers. L'art sera capable de masser davantage d'humains nuit et jour à chaque coin de rue
en face d'institutions qui ne représentent qu'eux-
mêmes, institutions où la corruption morale est
légitimée, pour le devenir de la nouvelle justice.
L'art peut être plus fort que leurs informations
guerrières diffusées sur une seule et même
chaîne de télévision, sur un seul et même journal,
et qu'une seule et même radio, le tout en service
économique.

L'ÉVOLUTION

KORALLREVEN - NOVEMBER RAIN

Avons-nous atteint la fin d'un processus ? Je le crois, comme un grand nombre d'humains. Seuls ceux qui désirent jouir ou savourer le mécanisme en vigueur soupirent dans ce claire-obscur pour le perpétuer, tout en déniant le martyre qu'elle engendre et l'état d'ébullition qu'elle déclenche dans nos âmes. S'évertuant à se satisfaire de leur posture du paraître et de leur empathie de connivence, mais encore et toujours opérante pour la pérennisation de leurs intérêts et de leur monde. Ils demeurent sur la planète économique/bureaucratique et nous devons survivre sur la leur, mais nous ne sommes plus dans la même dimension. Cette souffrance actuelle ne peut plus être mise en contraste avec cette goutte qui fait déborder le vase, je dirais que ça dégueule de la bassine. Plus aucune harangue de politique hypocrite, d'homélies Christus-Financial, de catéchisme médio-economica ne peut l'étouffer, j'en suis désormais persuadé. Le fascisme sévissant au XXème siècle avec ses folies de génocide et crimes, de race, de nationalisme, de patriarcat, de hiérarchisation, d'esclavagisme, d'antisémitisme, de racisme, d'homophobie, de traditionalisme, de liberticide, le capitalisme en a pris la relève de manière subtile à notre époque. Celui-ci a aussi pour aménagement le totalitarisme, mais avec pour tête de proue l'acceptation d'un désir d'allégeance et d'une servitude volontaire qui s'auto-renouvelle. Leur absolutisme économique nous pilote jusque dans nos muscles et esprits en nous imposant son obéissance par l'individualisme, le narcissisme, la culpabilisation, la distraction, la consommation, le productivisme, le paraître, le marketing, le désir d'enrichissement et bien d'autres schémas qui servent de fondation à cet absolutisme financier pour sa pérennisation.

Avons-nous la réponse à ce que présume Jean-Jacques Rousseau à propos de l'ochlocratie (Contrat social, II, 3) par le fait que la majeure partie d'entre nous ont acquiescé devant des intérêts particuliers qu'ils estiment dorénavant agencés. Ne voyant plus aucune possibilité d'une rectification intégrale par le simple fait que le politique de carrière, par la classe bourgeoise, s'est laissé envoûter et qu'ils trouvent les bons mots pour séduire à leur tour ceux qui les portent aux fonctions suprêmes, qui sont domestiqués par un conditionnement quotidien à une religion économique. La sixième phase de la « théorie cyclique de la succession des régimes politiques » de Polybe, essaie de me convaincre que nous nous inscrivons à l'époque actuelle dans l'ochlocratie ; où il ne resterait plus qu'à attendre l'être inespéré qui nous reconduira, selon l'analyse de

Polybe, à la monarchie. Et bien maintenant, c'est fait, bien que dans la sélection naturelle créée de toute pièce par le darwinisme social, il existe encore une particule de la population, la moins obéissante, qui lutte contre ce schéma. Le régime présent ambitionne donc à poursuivre l'amélioration de son ordre, suivant la logique de Polybe, ils engagent leur propre pion providentiel. Celui-ci est le Christus-Financial, avec non pas ses textes sacrés, mais avec sa méthodologie non contestable de classe bourgeoise et quoi de mieux qu'une presse tendancieuse en guise d'apôtre. Cette éditocratie dont l'opinion est travestie en information, en devient une source, puis en devient vérité par son tapage quotidien, sous faux-semblant de contre-pouvoir. Elle porte le prince au trône qui cache la table du conseil d'administration. Quand la démocratie se laisse enjôler par les intérêts pécuniers privés, l'oligarchie prend d'emprise les continents et leurs piliers se changent en une illusion, enclenchant l'ochlocra-tie pour sa prospérité. La boucle est bouclée. La séduction et ce conditionnement nous main-tiennent dans ce totalitarisme et nous font ou-blier la nécessité de rompre avec ceux qui la font et qui engendrent notre destruction, notre mal-heur, depuis des décennies, petit à petit, du ma-tin au soir.

Quel que soit le degré de paupérisation, quelle que soit sa religion, couleur, culture ; lorsque je suis au contact de la population qui survit sur la sphère économique, j'entends avec résolution les mots « insurrection, soulèvement, sédition, muti-nerie ». Des mères et pères de famille, des com-merçants, des artisans, des salariés, des copines et des copains, des ados, des gens de tout âge, mais qui sont habités par ces dénominateurs communs : ils endurent le marché, leurs diri-geants, les lobbys, leurs politiques, leurs réformes, les injustices, la « consanguinité républicaine », la répugnance des néomonarques. Le peuple n'a-t-il plus rien à céder, là où la bourgeoisie d'antan qui est devenue la monarchie d'aujourd'hui à elle tout à perdre ? Questionnement impensable aux vues du monde exposé que produisent quotidiennement les médias en service économique, le monde start-up, un monde fait qu'a partir des CSP et CSP+. Vous décrire point par point ce qui est exprimé et ce que j'aperçois ne serait utile à rien, car si je l'ai vu et entendu, c'est que toi aussi tu as dû manifestement l'observer et l'entendre. Je suis désormais convaincu, nous sommes sur le point d'éprouver une innovante transformation. Aurons-nous changé le cours de l'histoire en ayant renoncé à cette oligarchie et pour avoir pu enfin créer cet audacieux mot approuvant le palier évolutif de la démocratie, s'étant réinventé ochlocratie ? Là où le langage universel des mathématiques a pour principe la logique, une Logicratie ne serait-elle pas notre séquence harmonieuse ? Cette solution pour former les fondations communes où pourraient s'installer les assemblées du peuple par une armature décentralisatrice, une phase décroissante par des nouveaux objectifs de vie que le carriérisme, l'enrichissement, l'accumulation ? Nous devons élaborer son prototype, certains d'entre nous y travaillent depuis longtemps et pour ma part, je suivrais. Lorsque l'idée sera plus forte que le régime actuel, ce ne sera qu'une question de jours pour son éclosion. Celui qui dira supercherie, mensonge et folie, nous ne pouvons rien pour lui et bien souvent cela sera récité par ceux qui souhaitent l'immortalité dans leur bulle.

Le changement de régime ne viendra que par la délivrance des fors intérieurs. À l'instant, on peut constater qu'un pan entier de la population souffre dans le silence de la terreur antisociale au goût du chiffre, mais une frange discrète qui s'accroit, s'éclaire malgré tout pour contrer ce qui a déchaîné le chaos quotidien. Il y a également ces personnes qui refusent de prendre conscience de tout cela et endurent dans l'attente, aidées par les divertissements et la consommation, jour après jour, d'un correctif par ceux qui génèrent leurs malheurs. Lors des appels aux suffrages, nous voyons aussi que les langues se libèrent, nous réalisons que beaucoup ont sacrifié la réflexion et le bon sens. Cette partie de la nation qui s'est laissée leurrer par la nécessité marketing de « penser à sa gueule », pensant que leurs intérêts propres sont portés comme bienfaits suprêmes et osent les mettre en avant comme une indispensabilité pour le pays/continent. Quel que soit leur statut social, mais bien souvent par ceux qui veulent tirer parti ou espèrent continuer à savourer le rouage : « si c'est bon pour moi, c'est que c'est nécessaire pour le pays ».

On s'aperçoit que ces individualités ne déclenchent aucune objection à l'économie du plus fort, à l'oligarchie, à ces politiques, à ces lois, à ces gens qui n'aspirent pas à une évolution. Dans la mesure où eux-mêmes considèrent que c'est « La Formule », aidés par l'absence de remise en question des contre-pouvoirs, ils arrivent à s'en persuader et s'engagent à convaincre que c'est bien. Pourquoi ils désavoueraient les actions de personnes de pouvoir motivées par leurs intérêts (carrière, influences, rentes...) puisqu'eux même, à leur niveau, font, feraient, et aimeraient faire pareil ?

Rien de mieux pour stabiliser la balance, que de montrer du doigt « ceux qui profitent du système ». À les écouter, ceux qui abusent ne sont pas ceux qui utilisent l'appareil étatique, l'argent, les médias, le pouvoir à leurs bénéfices et influence. Non, cela semble normal, même si beaucoup nous disent le contraire avec leur condamnation à tout bout de champ. En allant dans l'arrière-boutique des justifications, ils finissent par admettre que c'est ceux qui remettent en cause « La Formule » qui profitent, puisqu'ils la jugent inégalitaire et pas à leurs avantages. Corollairement, ceux qui n'approuvent pas le système profitent donc de celle-ci, pour la raison qu'ils s'y trouvent alors qu'ils la contestent. En conclusion, leur phénétique sociale est leur règle et ne doit pas être reconsidérée. « C'est scientifique », aux vues des décennies de sa mise en place sans aucune présence de révolution pour son remplacement, dès lors c'est le meilleur agencement : les faibles doivent obéir au plus forts. Les plus forts par l'argent, le pouvoir, l'influence vivent ; les plus faibles, pour ceux qui souhaitent acquiescer, survivent; puis s'installe la richesse des uns grâce à la pauvreté des autres.

Entrainée par ces fondations, l'Oligarchie aidée par la bourgeoisie et par ces codes individualistes, a séduit et engendré l'Ochlocratie.

Le changement de régime ne viendra que dans la perspective d'une victoire. Pour y parvenir, il faut métamorphoser les méthodes. Là où il y a grèves, les « serui domini » négligent le débrayage, faisant la sourde oreille. Confiant à cette partie de la population qui ne voit que son intérêt personnel à faire preuve de juge ; aidée par les images des médias qui interviewent ces seuls individus comme ayant la parole saine avec le vocabulaire éditocratique en vogue ; accusant ceux qui défendent une cause à ne voir que leurs intérêts personnels, alors qu'eux même le font, et alors même que les accusés résistent pour les nécessités collectives. Salariés qui sont abandonnés par certains collègues jugeant préférable de servir les profitabilités d'en haut plutôt que la nécessité collective ; ne souhaitant pas se « cramer » face au commandement, pour une possibilité d'évolution professionnelle, pour un meilleur plan de vie, en espérant être parmi ceux qui décident du sort des mortels préférablement que de subir la sentence d'un mortel.

Là où les livres expliquent le fond des problèmes pour apporter un éclairage et des solutions, le divertissement consommateur s'immisce en guise de soupape dans les plages horaires accordées. Cela, pour faire omettre à l'esprit matraqué par la hiérarchie autoritaire, la peur de perdre son emploi et la torture psychologique du jour ; puis avoir la force d'oublier pour retourner le lendemain à l'œuvre pour la carrière et la prime d'un chef, pour les dividendes d'actionnaires qui n'ont aucune fonction dans l'entreprise excepté passer pour ceux qui prennent le plus de risque que ceux qui survivent au SMIC.

Là où les médias devraient être indépendants, délaissant toute influence financière par actionnariat, amitié partisane ou maintien d'un ordre, on nous érige comme devoir être témoin des choix de ceux qui dirigent notre survie pour que ces derniers vivent.

Là où les philosophes affranchis devraient montrer un autre cap, on nous impose dans la majorité du temps, des raisonneurs fabriqués par l'oligo-monarchie (hybridation par convergence des intérêts oligarques et bourgeois) qui jugent ceux qui ne cogitent pas comme eux.

Il faut donc s'engager à créer un ensemble de moyens d'informations libres (radio, chaine, journaux papiers et en ligne) et n'appartenant qu'à ceux qui les font (journalistes, lecteurs, auditeurs, téléspectateurs). Bâtir cette houle d'outils convergants qui sera constituée d'un vent humain venant de terre, par une éthique intransigeante pour ne laisser aucune prévisibilité à des individualités de s'immiscer dans une brèche, sans négliger que rien n'est acquis dans le temps. Faire émerger dans ceux-là, des penseurs de terrain dans l'action afin qu'ils nous aident à construire cette architecture qui nous permettra de développer un innovateur fonctionnement par nos nouvelles idées. Faire apparaître dans ceux-là le quotidien de ceux qui le vivent avec leurs solutions et leurs actes.

Le remplacement du totalitarisme actuel ou futur viendrait-il de ce qui nous tue ?
Si certains ambitionnent à continuer de s'esclavagiser pour leurs maîtres, car espérant le devenir un jour. A voir la ratonade ethnique et sociale au coin de leur rue pour se vanter sur Internet d'être passé entre les filets et en sauver un au passage. Si c'est le seul moyen pour qu'ils comprennent leur désir de servitude pour se procurer l'envie de s'éduquer, autant qu'ils entreprennent

de se jeter nu depuis une falaise pour se convaincre qu'ils arriveront à y voir plus clair.

S'injecter un mal pour escompter stimuler son métabolisme, ne permet pas d'aider le patient à lutter contre une Maladie Oliga-monarchiquement Transmissible. Il ne faut pas se résoudre à devoir accepter du matin au soir l'extrémisme capitaliste qui engendre l'extrême droite, pour stimuler une prise de conscience par autrui. Dans l'attente de cette prise de conscience, nous et nos semblables humains endurerions ou continuerions de subir les conséquences de la folie d'autrui. L'engagement citoyen/associatif/syndical/municipal, le savoir, le devoir d'histoire, la culture, l'enseignement, la prise de conscience et le quotidien doivent faire leur travail plutôt que le divertissement, la consommation, le pouvoir, l'argent et l'espoir de mise en lumière. Car un mal pour un bien n'est pas la solution pour s'emparer d'une évolution. Pour y arriver il faut en changer les règles.

Revenons plus en précision sur la discipline à avoir pour commencer à générer la chute de ce rouage et entreprendre le remplacement de ce système létal. Pour beaucoup, la terreur est en vigueur à la seconde où la scène télévisuelle exhibe le sang et les larmes qui coulent dans les régions refusant d'obéir. Mais l'enfer est également dans les pays acquiesçant à la religion économique, parfois chez soi et aussi sans le savoir chez son voisin pour celles et ceux qui ont un toit avec quatre murs, bien souvent quand on a « quotidiennement la gueule dans la merde ». Elle se fait par la servitude dont s'ensuit cette boule au ventre et à la gorge, cet élancement dans tout le corps du matin au soir. Cette douleur n'a pas d'odeur, elle n'est pas apparente, car on nous l'exige pudique. Dans certaines circonstances, elle se présente par des crises d'angoisse sur son lit, par moments dans le bus avec cette envie de vomir et parfois de mourir. Alors vu que les images des caméras des apôtres de l'oligarchie ne peuvent cinématographier cela à leur avantage, on ne la nommera pas et on la minimisera ou la taira. Quand certains transgressent le diktat et osent en parler, d'autres répugneront cela par les termes qui pointent un mensonge par ceux qui s'avisent de se plaindre en dehors des temps électoraux.

Venons-en aux mots. Ils ont leurs substances et ils sont manœuvrés avec agilité par ceux qui orientent le marketing, les communicants, dans la publicité, par les chefs, par les dirigeants, par les agences, par leur chaine TV et radio, leurs magazine et leur éditorialiste, puis par tous ceux qui tiennent à notre terreur pour leurs ivresses. Leurs consommations des mots leur fait fonction de preuve de réalisation, mais leurs actions servent purement leurs sphères et leurs intérêts. Il faut confectionner de nouveaux mots pour nommer et marquer leurs rhétoriques, car ils tirent parti de ceux que nous avons conçus pour les détourner à leurs prééminences. Prenons l'exemple de l'entreprise pour exposer leurs machinations. Ceux qui se soumettent à leur doctrine exercent les mots « charges sociales » pour justifier que nos cotisations seraient un poids pour nous, alors que nous les avons créées pour que chacun puisse exister. Ils déploient l'ambiguïté « entrepreneur » plutôt que « patron » pour nous faire négliger la lutte des classes qu'ils nous assènent. Ils ont recours à l'adjectif « concertation » pour écarter toute négociation. Ils nous obligent à privilégier l'expression « acquis sociaux » tandis que ce sont des « conquis sociaux », pour la seule raison que rien n'a été donné par eux, mais nous l'avons arraché par nos morts. Ils exploitent les mots « demandeurs d'emploi » pour nous infliger le fait que nous réclamons et que par gentillesse ils nous concèdent de l'emploi ; alors que nous en sommes privés du fait de leurs délocalisations boursières de nos moyens de produire pour les besoins des humains. Ils utilisent la tromperie « plan social » pour nous faire oublier ce qui nous attend par le licenciement boursier qui tue socialement. Ils pleurent quand ils abordent leur récitation « coût du travail », alors que le travail n'est pas un coût, mais que c'est le coût de leur capital qui favorise leur monde et nous dessert pour leurs « plans de vie » et « divertissements ». Et que dire du mot « collaborateur » ? Et si encore cela n'était que dans l'entreprise, mais cela existe partout dans notre quotidien pour leur économie. À l'instant où nous ne répondons pas à cette usurpation des mots et dans certains cas épaulée d'images, notre cerveau se familiarise à cette manipulation et finit par admettre que leurs mots et leurs définitions sont les bonnes.

En plus de la commutation par l'innovateur lexique que l'on doit constamment améliorer, nous devons désamorcer la prolifération de leurs méthodes qui renversent contre nous nos mots et qui accompagnent l'expansion de chacun de leurs rouages. Pendant cette transition, il y aura inévitablement des trahisons, des déceptions, des mensonges, des ambitionnistes, des préoccupations pécuniaires, mais ne perdons pas de temps avec cela. Là où il y a de l'influence, nous devons humaniser. Là où il y a de l'individualisme, nous devons mobiliser un mouvement collectif avec ceux qui sont prêts à s'impliquer, même isolés ou à deux. Là où se développe le désir matériel pour satisfaire la création de besoins secondaires en besoins primaires, nous existerons dans l'exigence d'accuser et indiquer de quelle manière on peut se rénover par la culture, la technique et le savoir. Là où on te dicte d'obéir avec les subterfuges de mot, il faut dénoncer et t'inviter à la réflexion et l'action des mots comme riposte. Là où on te demande de te soumettre pour leurs intérêts, il est dans la nécessité que tu converges avec tes semblables et tu ne seras plus seul. À chaque circonstance où on t'inculque que leur protocole est fait de liberté, il est tenu de démontrer que leur « liberté » tue celles des autres et engendre des conséquences mortifères, celles de la majorité et que tu te dois d'apprendre ce qu'est la liberté en commençant à dire « non » et pourquoi « non ». Leur monde se meurt, mais il refuse de s'en aller, le déploiement de notre atmosphère se fera par la base, les gens, les humains, les municipalités et ceux qui la font. Ceux qui ne souhaitent pas ce changement, gueuleront au rêve utopique et nous tamponneront que n'importe quelle évolution se fera par l'économie. Le rêve n'est pas une utopie, il est une destination. Et, à la minute où cette destination est ambitieuse par l'individualisme elle pulvérise tout sur son passage, lorsqu'elle est collective pour l'humain elle innove : repenses à ces quelques dernières années. La prise de conscience est un long chemin et elle se fera par ceux qui éprouvent le système infligé et par les nouvelles générations à qui on a promis leur part du gâteau et qui ne l'auront jamais, car demain n'est jamais aujourd'hui. Ne perds donc pas tes précieuses minutes et ton énergie à provoquer cette prise de conscience à ceux qui veulent servir coûte que coûte. On ne peut pas convaincre un convaincu, mais on peut lui mettre le doute, le temps fera le reste. Amener, se fera par le réquisitoire en opposition quotidienne à leur club néo-monarchiste et par la culture, l'éducation, par la révélation des faits et l'action, de ton levé jusqu'à ton repos autorisé. Il faudra démontrer qu'il n'y aura qu'en s'engageant que le changement s'enclenchera. Les gens s'organiseront et construiront une loyauté pour unir leurs idées contre ce qu'ils dénoncent, ils se rassembleront dans des chambres de bonne jusqu'au trottoir, des pluies froides au chaleurs d'été, d'où qu'ils viennent et qu'importe ce qu'ils ont pu être avant. Ceux qui écrivent quotidiennement le chapitre actuel pensent qu'il ne se finira jamais, car ils ont trouvé leur place dans celui-ci et y ont réussi, mais l'histoire est longue et les chapitres ne sont pas éternels bien qu'ils s'efforcent de le prolonger. L'histoire nous apprend qu'ils s'arrêtent soudainement quand personne ne s'y attend. Ils ont choisi leur place dans ce chapitre et nous avons anticipé en choisissant de commencer à écrire le prochain : nous avons décidé qu'il serait écrit et récité par nous.

Ne nous attaquons pas à plus gros que soi, mais à leur protocole. Ne prenons pas à partie ceux qui le disposent, pour la bonne raison qu'avoir de l'intérêt pour eux leur fournit les médailles et la reconnaissance qu'ils aiment tant obtenir, tout en prolongeant leur puissance. Il faut élaborer cette base, ce socle de prise de conscience et ce sera le plus fabuleux du travail. Anticipons à trois fois leurs réponses, réactions, réflexes, réparties, ripostes, censures, désapprobations, interdits, mises en quarantaine, punitions, sur leur terrain de jeu. Retournons contre eux leurs répliques, critiques, accusations, avertissements, leçons, malédictions, remarques, réprimandes, reproches, réquisitoires, semonces, sérénades, sermons et en les améliorant. Utilisons leurs outils tout en créant les nôtres, n'ayons pas peur des mots, car ils sont plus forts que n'importe quel sang ruisselant.

L'histoire nous enseigne ce qu'étaient les anciens systèmes. Ceux qui les entretiennent ne luttaient jamais contre celui en vigueur puisqu'à leurs avantages, dans la mesure où ils avaient une position qui leur évitait d'endurer ce que subissait le plus grand nombre, avec à l'occasion le pouvoir, l'influence, l'argent, la bénédiction qui va avec. Les nouvelles générations racontées à leurs tours, avec le recul du temps sans l'autoritarisme passé, ce qu'était véritablement ces moments d'histoire pour les empêcher de nouveau (ex: Mai 1968), tout en supportant l'actuelle oppression qui les considère. Nous sommes qualifiés pour convertir ce précepte et ne pas se laisser convaincre de patienter que nos enfants s'engagent pour escompter que les choses évoluent sans pouvoir en profiter aussi. Car en attendant, il y a des humains qui souffrent, dont toi et certains en succombent dans la torture psychologique de routine, sans ou avec du sang coulé, c'est aussi ça l'enfer. Nous devons provoquer l'histoire pour emprunter l'itinéraire opposé. L'inquiétude d'un changement de chemin ne doit pas être plus forte que celle de perpétuer nos supplices quotidiens jusqu'à l'ultime souffle de nos jours malheureux.

Étant né, éduqué, ayant demeuré dans leur protocole, il est très laborieux pour la majorité des terriens de présumer s'en extraire sans risquer d'être renié par son prochain, car l'être humain n'est rien sans autrui. Le réflexe de survie dans cet agencement est de s'infliger le devoir d'acquiescer et de s'efforcer d'obéir pour espérer s'en sortir au mieux pendant ses quelques dizaines d'années d'existence sur la planète bleue, avant la mort. Subir la vie, plutôt que la choisir en attendant la mort ? Nous devons choisir pour pouvoir la vivre ! La facilité nous pousse à croire que tous les individus s'adaptent au rouage en vigueur et ce n'est pas soi-même, dans son coin, qui façonnera une société meilleure. Ce système nous oppresse tellement que nous n'arrivons pas à admettre qu'il y ait un autre chemin qui lui sera praticable pour tous, alors qu'il suffit de le vouloir pour passer à autre chose et nous suivrons. Il suffit d'un déclenchement, un point de non-retour, pour que tout le monde se rassemble.

Notre devoir quotidien est de laisser chacun d'entre nous s'éduquer par la prise de conscience, à s'intéresser à leur « Nouveau Monde » et s'engager pour le remplacer. Je le répète, mais avec des notes, de l'art, des mots, des livres, des images, des actions, des journaux, des dessins, des prises de paroles, avec de l'éducation, avec des « non » et des « pourquoi non » et des « et maintenant », de l'engagement, avec de la conviction, avec l'envie d'arrêter d'être en colère contre notre monde mais cet objectif de s'engager à le changer maintenant sans violence. Et cela a déjà commencé. Puisque nous savons pourquoi, viendra le momênt choisi par la convergence de tout cela et nous attendrons le quand, comment et avec qui ? « Révolution » est sali par les packagings en vogue promus par le totalitarisme économique. Redonnons à ce mot ce qu'il a fait de plus admirable pour notre monde. Je l'espère splendide comme la Révolution des œillets avec pour résultat nos audacieuses idées pour un inouï modèle.

C'est à chacun et par nous de faire l'engagement de notre vie pour que chacun puissent vivre. Le moindre de nos choix engendre une multitude d'actions autour de nous. Même si elles ne se voient pas, leurs convergences engendrent toujours un autre refrain.

Notre vie passe vite, et à chacun de nos anniversaires, les rides et la souffrance s'accumulent, comme celles de nos parents et grands-parents, sans que rien ne change. Ne gâche pas tes précieuses minutes à espérer voir ta vie changer par l'enrichissement pécunié mais fais en sorte que le monde s'améliore. Engages-toi à rompre avec ce totalitarisme économique, romps avec cette monarchie d'antan qu'est la bourgeoisie d'aujourd'-hui.

N'attends pas que les autres luttent pour toi mais montre l'exemple avec ta voix, tes mains et tes mots. Ne sois pas utile à vouloir améliorer ton petit confort, mais contribues à changer le monde qui détruit à grand feu notre planète, notre humanité et nos semblables.

TABLE
Avec pour légende, les titres musicaux que j'ai écoutés pour écrire ses textes

9 781795 215428